肯·布兰佳将这本书献给他的家人：

玛吉、斯科特、马德琳、黛比和汤姆·麦基，

以及肯·布兰佳公司的领导团队。

感谢值得信赖的仆人型领导们，

他们带领公司通过了一场大流行病的考验并东山再起。

向他们和所有的相关人员祝好。

兰迪将这本书献给金、迈克尔和马修：

你们每天都在激励我，

让我相信，我值得你们的信任。

SIMPLE TRUTHS OF LEADERSHIP
52 WAYS TO BE A
SERVANT LEADER AND BUILD TRUST

重塑领导力

[美] 肯·布兰佳 Ken Blanchard　[美] 兰迪·康利 Randy Conley 著

王思懿　译

科学技术文献出版社
SCIENTIFIC AND TECHNICAL DOCUMENTATION PRESS

·北京·

图书在版编目（CIP）数据

重塑领导力 / （美）肯·布兰佳（Ken Blanchard），（美）兰迪·康利（Randy Conley）著；王思懿译 . —北京：科学技术文献出版社，2024.4

书名原文：Simple Truths of Leadership

ISBN 978-7-5235-1165-7

Ⅰ . ①重… Ⅱ . ①肯… ②兰… ③王… Ⅲ . ①领导学—通俗读物 Ⅳ . ① C933-49

中国国家版本馆 CIP 数据核字（2024）第 062529 号

著作权合同登记号　图字：01-2023-3517

Copyright © 2022 by Ken Blanchard and Randy Conley
Copyright licensed by Berrett-Koehler Publishers
arranged with Andrew Nurnberg Associates
International Limited.

重塑领导力

责任编辑：吕海茹　　　产品经理：谷　旸　　　特约编辑：张凤涵
责任校对：张　微　　　责任出版：张志平

出 版 者	科学技术文献出版社
地　　址	北京市复兴路 15 号　邮编 100038
编 务 部	（010）58882938，58882087（传真）
发 行 部	（010）58882868，58882870（传真）
邮 购 部	（010）58882873
销 售 部	（010）82069336
官方网址	www.stdp.com.cn
发 行 者	科学技术文献出版社发行　全国各地新华书店经销
印 刷 者	三河市中晟雅豪印务有限公司
版　　次	2024 年 4 月第 1 版　2024 年 4 月第 1 次印刷
开　　本	880×1230　1/32
字　　数	80 千
印　　张	7
书　　号	ISBN 978-7-5235-1165-7
定　　价	59.80 元

引言：简单的法则

　　我的使命宣言的开头是：我是一个充满爱心的老师，也是简单法则的榜样。这句话以及对仆人型领导的研究，一直占据着我所有工作的核心。我一直在寻找一些简单的法则，这些法则反映了人们可以用来使自己的工作和生活，以及他们所关心的人的生活更快乐、更令人满意的常识性实践。为此，我发现与具有相似哲学理念的合著者一起工作，既有趣又鼓舞人心——因为我一直相信 1 + 1 的效果大于 2。

　　我和兰迪·康利一起写这本书时，情况也确实如此。在过去的 15 年里，兰迪一直专注于将信任这一复杂的概念提炼为简单、可操作的原则，帮助人们体验更真实、更充实的关系。为了表彰他的工作，Trust Across America 授予兰迪终身成就奖，这代表着他已经成为信任领域的顶尖思想领袖。

谈到仆人型领导和信任，我们都想知道，为什么我们认为是常识的原则，在日常实践中却很少被使用。如果今天的领导者拥有更具常识性的领导方法，我们敢说，65% ~ 70% 的员工不会被认为是闲散的。

这就是我们这本书最初的标题是《唉！为什么常识性的领导方法没有成为习惯？》(*DUH! Why Isn't Commonsense Leadership Common Practice？*) 的原因之一。另一个原因是，当我在观众面前提到这个标题时，他们会因为意识到标题中蕴含的道理而大笑起来，然后我就会被问到这本书会在什么时候上市。然而，我们的出版商巴雷特·凯勒发布了一份有关本书标题与副标题的调查问卷，这份调查问卷帮助我们发现了两件事：首先，单词"duh!"从英文翻译成其他语言时，译文很难贴合原义；其次，最受欢迎的标题在调查中出现了——《重塑领导力》。

我们写这本书是因为我们知道，很多人在工作中没有运用常识性的领导原则。

这本书的设计很简单。首先，提出一个关于仆人型领导或信任的法则。然后，再具体解释为什么这些法则没有被应用到日常工作中，并简要说明它们的重要性。最后是呼吁读者将这些内容付诸实践——"让常识成为习惯"，将概念分解成领导者更容易应用到工作中的想法。当常识性的领导方法付诸实践时，每个人都能够从中获益——包括领导者、他们的员工，以及他们的公司。

我们把这些简单的法则分成两部分：以肯为主导的"仆人型领导"和以兰迪为主导的"建立信任"。我们这样做的理由有以下两点：

● 当仆人型领导的方法得到有效实施时，领导者和他们的员工之间就会充满信任，仆人型领导和信任的构建是相辅相成的。

● 这两个主题突出代表了我们两人各自擅长的专业领域。

你可以通过多种方式来使用这本书。按顺序阅读这些简单的法则，每周选择其中一个法则进行阅读，并将其应用到实际工作中，坚持一年；或者直接跳到你最感兴趣的小主题进行阅读。在本书末尾，我们提供了一个讨论指南（附录），用于你和你的团队成员进一步探索这些法则。

我们希望你会喜欢阅读我们的书，并使这些简单的法则成为你领导风格的组成部分。如果你这样做了，我们相信这将改变你的生活，以及你所影响的人的生活。

——肯·布兰佳

目　录 ——— Contents

第一部分　仆人型领导

第一章　仆人型领导的本质 ——————— 005

第二章　一分钟经理人的秘密 ——————— 015

第三章　仆人型领导的情景式方法 ——————— 031

第四章　创造一个激励人心的环境 ——————— 039

第五章　仆人型领导的特质 ——————— 055

第六章　仆人型领导必须知道的道理 ——————— 071

第二部分　建立信任

第七章　领导力中的信任 ——————— 095

第八章　人际关系中的信任 ——————— 111

第九章　可信赖的领导者的特征 ——————— 127

第十章　信任和控制 ——————— 151

第十一章　重建破碎的信任 ——————— 165

结语 ———————————————————————————— 181

附录 ———————————————————————————— 187

参考资料 —————————————————————————— 201

致谢 ———————————————————————————— 205

关于作者 —————————————————————————— 209

第 一 部 分

仆人型领导

在这一部分，肯·布兰佳以他对仆人型领导的毕生热情为主线，将其视为领导者能够帮助员工实现目标的影响过程。

我过去的工作主要集中在领导行为，以及如何改进领导风格和方法上。我和我的同事，试图从外部因素改变领导者。但近年来，我们发现有效的领导是一项从内部开始产生影响的工作。这是一个关于内心的问题，关键在于领导者的性格和意图。

为什么由你来领导？你是服务者还是被服务者？如实回答这些问题非常重要。因此，我与勒妮·布罗德韦尔合著了一本书，书名为《行动中的仆人型领导：如何实现良好的人际关系和成果》（*Servant Leadership in Action: How You Can Achieve Great Relationships and Results.* ）。在这本书中，包括西蒙·西内克、布勒内·布朗和马歇尔·戈德史密斯在内的 45 位关键领导者，分享了他们对于仆人型领导的看法。这本书的精髓在于——你不能假装自己是一个仆人型领导。

成为仆人型领导的最大障碍，在于一颗由自我利益驱动的心，它将世界视为一个"付出很少，索取很多"的命题。自私的领导者将自己的议程、安全、地位和满足感，置于那些受领导者的想法和行为影响的人之上。

从自私的领导到仆人型领导的转折，源于心态的改变。如果领导者不能摆正自己的心态，他们就永远无法成为仆人型领导。一颗误入歧途的心会影响他们的思想，影响他们的行为，并使他们在每天开始工作时问自己："今天我能得到什么好处？"这当然不是仆人型领导。

在这一部分，你将了解到更多关于仆人型领导的知识，以及它所拥有的通过专注更大的利益来使世界变得更美好的力量。

——肯·布兰佳

第 一 章

仆人型领导的本质

简单的法则 1：

成为仆人型领导是取得伟大成果和构建良好关系的最佳方法。

组织里的领导者通常对结果和员工持非此即彼的态度。例如，只关注结果的领导者可能很难与他们的员工建立良好的关系，而主要关注与员工建立良好关系的领导者可能很难获得他们预想中的结果。

然而，如果你理解仆人型领导的两个方面，你就能取得伟大的成果并且也能构建良好的上下级关系：

● 领导方面的重点在于愿景、方向和结果——作为领导者，你希望将你的员工带向何处。领导者应该让其他人参与制定行动的方向，决定达成什么样的目标，但是如果员工们不知道他们的方向在哪里或者他们要达成什么目标，这就是领导者的问题了。

● 仆人方面的重点在于将关注点放在如何与你的员工并肩作战上，一旦明确了愿景和方向，领导者的角色就变成了服务者的角色——帮助员工完成之前定下的目标。

让 常 识 成 为 习 惯

仆人型领导做好这两个方面就能取得卓越成果，并构建良好的关系：

● 让你的员工明确知道他们被要求做什么，在他们的帮助下设定愿景和方向。换句话说，确定愿景和方向虽然是领导者的责任，但并不是一个自上而下的过程。

● 在工作过程中，向你的员工保证你是来服务的，而不是被服务的。你的任务是通过培训、反馈、倾听和沟通来帮助他们实现目标。

对于仆人型领导来说，建立这种对成果和关系兼而有之的心态非常重要。

简单的法则 2：

伟大的组织都拥有令人信服的愿景。

当我向组织中的一些领导者解释什么是令人信服的愿景时，他们要么茫然地看着我，要么说一些类似"我记得我们在某处的墙上贴着这样的标语"的话。

那么，什么是令人信服的愿景呢？

我和杰西·斯通纳合著的《全速前进：在你的工作和生活中尽情释放愿景的力量》（*Full Steam Ahead! Unleash the Power of Vision in Your Work and Your Life*）一书中，提到过这一概念：

一个令人信服的愿景包括三个要素：你的目标（你从事什么业务）、你对未来的展望（你前进的方向是什么）和你的价值观（什么将指引你推进事业）。

在迪士尼（Disney）、美国西南航空（Southwest Airlines）、诺德斯特龙（Nordstrom）、韦格曼斯（Wegmans）和星巴克（Starbucks）等行业领先的公司中，都始终存在着一个令人信服的愿景。

让 常 识 成 为 习 惯

以下是如何在组织中整合令人信服的愿景的三个要素：

● 确保组织中的员工明确知道他们从事什么业务。例如，当华特·迪士尼开始运营他的主题公园时，他说："我们从事幸福的事业。"

● 确认员工知道他们努力的方向在哪里，以及会取得什么样的成果。在迪士尼，他们所期望的未来图景是：公园里的所有游客在离开时都会露出和进入时一样的笑容。

● 明确组织中的员工是否清楚指导他们事业的价值观是什么。迪士尼的首要价值观是安全。它的下一个价值观是礼貌和"表演"，即要求每个人都要完美地扮演自己的角色，无论他们是检票员还是米老鼠。迪士尼最后一个价值观是效率，即拥有一个运营良好、盈利的组织。

如果你能像迪士尼一样清晰地描述出你令人信服的愿景，恭喜你！你刚刚让常识成为习惯。

简单的法则 3：

仆人型领导将传统的金字塔结构变成了倒金字塔结构。

如果采用传统的层级金字塔结构，大多数组织和领导者会在仆人型领导的实施阶段遇到麻烦。

当这种情况发生时，员工们会认为他们在为自己的顶头上司工作。一旦员工认为他在为他的上级工作，他就会认为那个人是"我的老板"，是应当负责任的那个人。他的任务，就是对"我的老板"的奇思妙想或异想天开做出回应。"观察老板"可以成为一项受欢迎的运动，员工们根据他们向上影响的能力获得晋升。因此，组织的所有能量都在向上层移动，反而远离客户和最接近业务的一线人员。

仆人型领导知道如何纠正这种情况，他们在执行时从哲学上把金字塔结构倒置过来。现在，对接客户的员工和客户处于组织的最高层，领导层中的每个人都为他们工作。这一变化在负责人和响应人的角色问题上产生了重大差异。

让常识成为习惯

要想使仆人型领导方法得以应用，关键在于如何实施：

● 告诉你的员工，你在为他们工作，而不是他们在为你服务。你的任务是服务你的员工，而不是对他们的工作评头论足。

● 让你的员工充分发挥他们的聪明才智，从而增强他们的工作能力。通过这种方式，他们变得更有责任感，能够对内部和外部客户做出反应。你的工作是回应他们，帮助他们实现目标。

这为仆人型领导方法的实施创造了一个非常不同的环境，并使每个人都清楚地知道——由谁负责，对谁负责。

第 二 章

一分钟经理人的秘密

简单的法则 4：

所有优秀的绩效都始于明确的
目标。

领导力就是明确前进的方向。如果你和你的员工不知道方向在哪儿，你的领导力就无异于纸上谈兵。尽管大多数领导者都同意设立目标很重要，但大部分人并没有花时间与团队成员一起制定明确的目标，并将其落在纸上。因此，人们往往会陷入活动陷阱，他们忙于完成任务——但这些任务不一定是正确的。

为了提高你的团队绩效，与员工进行一对一的谈话，围绕他们的关键职责领域建立可观察和可衡量的目标。然后，你和他们都将确立明确的绩效指标，而这些指标有助于确定他们是在进步，还是需要一定的指导来提高绩效。

让常识成为习惯

为了专注于重要的事情，应和你的员工一起设定 SMART 目标。"SMART"是一系列久经考验的方法的缩略语，它常被用来设定高质量目标中最重要的因素：

● 具体性（Specific）——目标应该明确哪些方面需要改进，以及什么样的绩效才是出色的。

● 激励性（Motivating）——人们希望他们所做的事情是有意义的。

● 可实现性（Attainable）——人们喜欢富有挑战性的目标，这些目标能提高他们的能力，但不是不可实现的目标。

● 相关性（ Relevant ）——一个能够影响整体绩效的目标。

● 可跟踪性（Trackable）——一个能够保存记录的系统是定期衡量绩效所必需的。

有效的绩效管理总是从清晰、可观察、可衡量的目标开始。

简单的法则 5 :

培养人才的关键是关注他们所做的正确的事情。

当我问世界各地机构的员工，如何知道他们最近表现得好不好时，他们的第一反应是"最近没有人对我大喊大叫，没有消息就是好消息"。这些人不会因为做了正确的事情而受到关注。他们害怕见到他们的老板，因为他们知道老板来了，暴风雨就要来了。

我遇到的最常见的领导风格，就是我所说的"海鸥管理法"。管理者与员工一起设定目标，然后管理者就消失了，直到问题出现。到了那时，这些管理者像海鸥一样飞进来，发出很大的噪声，将责任甩到每个人身上，再扬长而去。

这就是为什么当人们问我，如果我在过去50年里坚持教授的所有理念都被剥夺了，只留下一条准则，我会选择哪一条。我总是认为关注并表扬正在做正确事情的人是最重要的。有效的表扬能够强化正面行为，使人们更接近他们的目标。

让常识成为习惯

当你发现员工在做正确的事情时，表扬他们应当遵循以下步骤：

● 一旦你发现这个人做了正确的事情，就立刻表扬他们。

● 让他们知道自己具体做对了什么。

● 告诉他们你对他们做对的事情的感觉有多好，以及这样做有什么帮助。

● 停下来，让他们有时间对自己所做的事情感到自豪。

● 鼓励他们做更多同样的事情。

● 明确表示你对他们有信心，并支持他们未来的成功。

对于管理者和团队成员来说，表扬都是非常有力的行为。事实上，它是培训员工和使你的每个同事都成为赢家的关键。

简单的法则 6：

表扬进步！

好的绩效是一个变化的目标，而不是最终的目的。许多用心良苦的领导会一直等到员工做了完全正确的事情，比如，在他们完成一个项目或实现一个目标时，才会表扬他们。但是，除非这个人对所做的事情充满信心，否则领导可能会一直等下去。完全正确的行为，由一系列近似正确的行为组成。表扬某人的进步能够让他们知道，自己正在朝着正确的方向前进。

举个例子，假设你想教一个蹒跚学步的孩子说："请给我一杯水。"如果你等到她能够完整说出这句话再给她水喝，那她就无法喝到水。相反，如果你从"水！水！"开始教。突然有一天，她开口说："sui。"你高兴得跳来跳去，拥抱并亲吻她，还给外婆打电话报喜，让孩子说"sui！sui！"这个发音不是"水"，但已经很接近了。你不会想看到一个21岁的年轻人在餐馆里说自己要一杯"sui"，所以一段时间后，你就只接受孩子说"水"。然后你就开始教"请"。

同样的过程，也适用于成年人。在通往胜利的漫长道路上，我们都可以用表扬来为自己加油鼓劲。

让常识成为习惯

如果你遵循以下四个步骤，就很容易做到表扬进步：

● 走出你的办公室，四处看看。对于远程办公的员工，要经常与他们召开视频会议以保持联系。

● 关注员工正在做的事情，以及他们是如何进步的。

● 当你发现员工在做正确的事情时，或者大概率正确时——表扬他们。

● 继续鼓励他们朝着理想的方向前进。

仆人型领导在此过程中通过指导、鼓励和表扬，来帮助他们的员工实现目标。

简单的法则 7 :

当人们偏离轨道时，不要斥责

他们，要引导他们重回正轨。

在最初出版于 1982 年的《一分钟经理人》（*The One Minute Manager*）一书中，我和我的合著者斯宾塞·约翰逊将成为"一分钟经理人"的第三条秘诀称为"一分钟的训斥"。人们过去认为，领导力是一个自上而下的过程。当有人在某项任务上经验丰富但表现不佳时，他们的经理人会以快速"训斥"行为的形式实时给出反馈，而不是一对一地帮助他们回到正轨。

如今，与员工并肩前行的领导方式被证明要有效得多。由于技术和其他变化发生得如此之快，人们几乎总是处于学习状态。惩罚一个学习者是不合适的——所以在新的《一分钟经理人》中，我和斯宾塞将第三条秘诀改成了"一分钟重回正轨"。

当员工明确目标并仍在持续学习中，但他们的表现没有达到预期标准时，帮助他们重回正轨，比训斥他们要有效得多。我们的目的是培养员工，使他们继续朝着提高绩效的方向前进。

让常识成为习惯

当一个员工犯了错，但他还处于学习过程中，你可以按照以下步骤给予他重回正轨的有效指导：

● 尽快让他回到正确的方向。

● 作为领导，一定要明确目标。如果你不能这么做，那就请阐明目标。

● 先确认事实，并一起复盘发生的错误，要具体说明哪里出了问题。

● 让员工知道你对他们所犯错误的感受，以及这个错误对成果造成的影响。

● 给他们点儿时间，让对方去感受这个错误产生的影响。

● 告诉他们，他们的贡献要远大于他们所犯的错误，你对他们的看法并没有因此受到影响。

● 提醒他们，你信任他们，并且支持他们取得成功。

简单的法则 8：

仆人型领导所投资的最有价值的一分钟，是他们投资在员工身上的那一分钟。

人们有时会想，为什么我和斯宾塞·约翰逊把我们的书命名为《一分钟经理人》。他们无法想象，一个人如何能在一分钟内施展管理技巧。现实情况是，许多经理人甚至没有花过时间，哪怕是一分钟，为他们的员工设定目标，表扬他们的进步，或者调整他们的努力方向——这三点就是书中的三个秘诀。

　　在你的员工身上投入一点时间也是类似的。"一分钟经理人"的部分意义在于，它能够帮助领导者理解为员工服务的最佳方式，不必涉及长时间的谈话、例行会议或绩效评估。有时候，最简单的行为——关注、评论员工在做什么，或者友好地聊天，可能就是最有意义的行为。投资员工就是花时间关注他们，而不是关注自己。

让常识成为习惯

你在员工身上投入的最有价值的一分钟，可以集中在一些简单的事情上：

● 倾听员工的建议或讨论一个问题。

● 询问他们周末做了什么，或者他们生病的家人近况如何。

● 祝他们演讲顺利，或对他们说生日快乐。

让员工觉得受到特别的关注，并不需要花费你很多时间。花点时间让他们知道你在乎他们，这对他们来说可能比你想象的更重要。

第 三 章

仆人型领导的情景式方法

简单的法则 9：

有效的仆人型领导懂得对不同的员工使用不同的方法。

这些年来，我观察到大多数经理人都有一种较为青睐的领导风格，他们总是会用这种风格对待自己的员工。事实上，我们公司的调查研究表明，54%的经理人的领导风格都是单一的，他们擅长"一招鲜，吃遍天"。

这些经理人的领导方式总是非此即彼的——他们认为自己必须关注成果或员工。一个经理人如果将自己的领导方式限制在任何一个极端，他的领导效果都会大打折扣。但是作为仆人型领导的管理者，会根据每个人的发展水平来调整自己的领导风格，以获得最佳效果。他们知道，这种兼而有之的方法，既能让员工更加快乐，也能使公司更加成功。

任何领导风格在特定的情况下都能发挥作用，但在其他情况下则行不通。正如我们在《一分钟经理人·领导力》(Leadership and the One Minute Manager)一书中所描述的SLII®模式——有效领导的情境方法所证明的那样，管理者需要对不同的员工使用不同的策略（领导风格），这取决于员工在当前工作中展现出的能力和做出的承诺。例如，热情的初学者（能力低，投入程度较高）需要指导型领导风格；理想破灭的学习者（拥有一些能力，投入程度较低）需要教练式的风格；有能力但谨慎的贡献者（能力较强，投入程度变化不定）需要支持型领导风格。最后，自力更生的成功者（竞争力强，投入程度较高）需要一种授权型领导风格。

让常识成为习惯

确保你的领导风格灵活多变：

● 与每个团队成员坐在一起，观察他们的职责所在。

● 确定他们属于哪一类人——热情的初学者；理想破灭的学习者；有能力但谨慎的贡献者；自力更生的成功者。

你很快就会意识到——必须对不同的员工使用不同的领导方法。

简单的法则 10：

有效的仆人型领导不仅对不同的员工使用不同的风格，而且对同一个员工也使用不同的领导风格。

观察那些一直对所有人使用同一种领导风格的经理人是很有趣的。他们就像那些被过度监管或监管不力的团队成员一样，经常垂头丧气的。

虽然个人通常可以处于特定的发展水平，这需要一定的领导风格，但他们可能有一两个目标，并且在这些目标上，他们的能力和投入程度与他们的整体工作经验和知识不匹配。例如，一个一般被认为是自力更生的成功者的人，通常可以被委以重任并独自完成任务。然而，如果你给这个人一项新任务，而他又没有什么经验，那么他可能会被认为是这项任务的热情初学者。如果你把这类工作委托给他们，可能会适得其反。为什么呢？鉴于他们在这项特定任务上的发展水平，他们需要完全不同的领导风格——明确的方向和密切的监督。

作为仆人型领导的管理者，要采取情境方法来领导员工。他们知道，有时不仅需要对不同的人使用不同的领导风格，还需要对在不同工作领域的同一个人使用不同的领导风格。

让常识成为习惯

利用 SLII® 模式的仆人型领导意识到，领导力不是你对员工做了什么，而是你和他们一起做了什么：

● 与你的员工一起规划和商定目标。

● 教他们使用 SLII® 模式。

● 与每个人一起确定他们在每个目标上的发展水平。

当你这样做的时候，你和你的员工将会明白，在不同的任务或目标中使用不同的领导风格的好处，你将会顺利地成为一个有效的仆人型领导。

第 四 章

创造一个激励人心的环境

简单的法则 11：

利润源于客户真心认可，认可源于客户得到关注，关注源于员工受到激励。

有些领导者是利润至上者，他们认为做生意的唯一目的就是要赚钱。这些人不明白，只有那些运营得最好和最赚钱的组织知道——他们的头号客户其实是他们的员工。

如果你将员工视为你最重要的头号客户，加以培训、授权和关心，他们将会全力以赴地服务你公司最重要的第二客户群体，即购买你的产品和服务的人。当这种情况发生时，这些客户会成为你公司的狂热粉丝，并且在许多方面甚至能够成为你的销售队伍的一部分。这关乎你公司的利润，以及公司所有者或股东的经济利益。现在，这是一个充满了成功气息的环境！

让常识成为习惯

作为仆人型领导，要创造这种成功的环境，你必须做两件事：

1. 关注你的员工，让这些员工知道他们对你的组织很重要，他们的贡献很重要，尤其是在满足客户需求方面。

2. 让你的一线员工能够倾听他们的客户（包括外部和内部）的意见，并根据员工的需求采取行动，在此过程中满足他们的期望。

简单的法则 12：

通过边界来创建自主权。

当我和领导者们谈论如何帮助员工提高自主能力时，他们中的许多人都认为，我的意思是领导者应该给员工去做他们想做的任何事情的自由，不——边界是必要的。

我最喜欢的一句话是"一条没有河岸的河流就是一个大水坑"，出自我和约翰·卡洛斯、艾伦·伦道夫合著的《赋权需要一分钟以上》（*Empowerment Takes More than Minute*）一书。你希望员工在边界内有一定的自由，这样他们就能以一种合理的方式实现他们的目标。正如河岸能够疏导水的力量和能量一样，有效的边界也可以疏导员工的力量和能量。

让常识成为习惯

以这些方式鼓励员工在边界内获得自主权：

● 建立明确的目标、期望和绩效标准。

● 确保人们了解所有程序、规则和法规。

● 确认每个人都知道这个组织令人信服的愿景：

你的目标（你从事什么业务）；

你对未来的展望（你前进的方向是什么）；

你的价值观（什么将指引你推进事业）。

简单的法则 13：

你 从 员 工 那 里 得 到 你 所 期 望 的 。

当员工不了解领导对他们的期望时，他们会感到失落。

他们没有指南针，没有边界，也没有商定的行为标准可遵循。他们不知道如何取悦老板，如何与同事相处，也不知道一份好工作是什么样的。他们所能做的就是等待别人告诉他们该做什么，以及怎么做。

作为一个与团队成员并肩工作的仆人型领导，你必须让你的员工确切地知道你对他们的期望。这可以让他们明白，如何在你的领导下取得成功。

但是期望不仅仅是言语上的——他们也同样要求你对你期望的行为做出示范。你必须言行一致，否则你的话将毫无意义。传达你的期望能给予你的员工信心，并让他们清晰地认识到一份出色的工作是什么样的。

让常识成为习惯

例如，假设你告诉你的员工，你对他们的期望类似于这条黄金法则——你希望别人怎样对待你，就怎样对待别人。向他们清楚地描述这会是什么样子：

● 你所做的任何事都要合乎道德。

● 以己度人，你希望被怎么对待，就要用同样的方式对待你的客户。

● 关心你的同事，互相鼓励。

太棒了！你刚刚描绘出了一幅图景，你的员工可以看到、感受到，并将其应用到他们的日常工作中。将这些明确的期望直接传达给你的团队成员，为你希望他们始终如一的表现建立标准。为你的员工服务，通过设置高标准和建立你希望看到的行为模范，来帮助他们实现目标。

简单的法则 14：

权 力 的 最 佳 用 途 是 为 他 人

服 务 。

大部分新上任的领导者对拥有权力感到兴奋，因为他们觉得自己终于有了头衔和地位，可以按照自己的方式做事了。

　　但是，拥有权力并不能保证你的员工会合作。那些因为自己手握权力而认为自己很重要的领导者，有可能失去最好的人才，也无法从留下来的员工那里得到自己所需要的绩效。

　　当我被选为七年级的级长时，我从学校回到家，兴奋地告诉父母这一成就。我的父亲作为一名退休的美国海军少将，很快就提醒了我："恭喜你！肯。但尽管你现在是级长了，也不要滥用你的权力。伟大的领导者之所以伟大，不是因为他们手握权力，而是因为他们的人民信任和尊重他们。"

　　我的父亲知道成为一个成功的仆人型领导的一个重要原则：当人们信任你并知道你是他们的坚实后盾时，他们会用最好的表现回报你。

让常识成为习惯

当你担任领导职务时，不要把注意力放在职位带来的权力上，而是要关注那些你有机会服务的人。当你做了以下事情时，你的员工会知道你是来服务他们的，而不是被他们服务的。

● 不断地强调"我们"而不是"我"。

● 多听少说。

● 鼓励和支持员工的努力，而不是去指使他们。

当你的员工成为你关注的焦点时，他们就会知道他们是团队的一部分，并有动力为你做出最大的努力。

简单的法则 15：

永远不要假设你知道什么能够激励一个人。

大多数领导者认为，他们知道什么最能够激励他们的员工——要么是金钱，要么是更多的责任。

当你这样想，并且你的一名员工表现良好时，你可能会告诉他以下两件事之一：

"我对你的工作非常满意，我已经为你谈妥了一笔可观的加薪。"但在这种情况下，假使这个员工没有迫切的经济需求，他可能会想：我真正想要的是在这里承担更多的责任。

"为了表彰你在客户关系方面所做的出色工作，我将赋予你更多的责任。"然而，在这种情况下，假使这个员工的家人出现了健康问题，他可能需要一笔额外的奖金。

你现在给想要承担更多责任的员工加薪，并让想要加薪的员工承担更多责任。在这两种情况下，你都认为你知道是什么激励了这个人。但现实情况是，能够激励员工的动机具有个性化因素。

让 常 识 成 为 习 惯

● 以有效的个性化的方式激励你的员工。

● 在年初或新任务开始时询问他们，如果他们做得好，想要什么作为奖励。

● 当他们表现出色时，给他们适当的表扬，并补充道："还记得我问过你，什么能激励你做好工作吗？"然后再给予他们想要的奖励。

第 五 章

仆人型领导的特质

简单的法则 16 :

谦逊的人不会轻视自己,他们只是较少考虑自己。

当我和人们谈论谦逊是仆人型领导的一个关键要素时，他们往往将其视为一种弱点。

当诺曼·文森特·皮尔和我在 1988 年撰写《道德管理的力量》（*The Power of Ethical Management*）一书时，我们用这个简单的法则来强调这样一个观点，即拥有适当自尊的人能在骄傲和谦逊之间达到平衡。

吉姆·柯林斯在他的经典著作《从优秀到卓越》（*Good to Great*）中断言，伟大的领导者往往表现出谦逊品质和专业信念的强大结合。正如柯林斯所说："他们确实雄心勃勃，但他们的野心首先是为了公司，而不是为了自己。"

让常识成为习惯

　　为了将谦逊付诸实践，柯林斯指出，当事情进展顺利时，由自我驱动的领导者会向窗外看，把功劳归于自身外的因素；当事情进展不顺利时，他们会看向镜子，自己承担责任。

　　要成为仆人型领导，请采取以下步骤：

　　● 当事情进展顺利时，看向窗外，将荣誉给予他人。

　　● 当事情进展不顺利时，照照镜子并自己承担全部的责任——这是成为仆人型领导的标志。

　　你现在如何看待谦逊这一特质？它并不是真正的弱点。我得出这种结论，并不是因为我是吉姆·柯林斯作品的狂热爱好者。

简单的法则 17：

自吹自擂无伤大雅。

一些管理者对别人苛刻的一个原因，是他们对自己也很苛刻。

他们总是在想"我应该做得更好"或者"我真笨，怎么可以这么粗心"。不幸的是，有时过于严苛的自我期望会影响他人的看法。与那些总是不断地贬低自己或总是事后怪罪自己的人相处并不容易。如果这些人能偶尔意识到自己表现得还不错，情况会有所改善。

当你发现自己做得还不错时，你生活中的一切都会有所改善——尤其是你的人际关系。为什么呢？因为和充满自信的人相处是很有趣的。毕竟，除了你自己，谁会是你最好的朋友呢？

就像我父亲常说的："如果你不吹响自己的号角，别人可能会拿它当痰盂！"

让常识成为习惯

如果你发现自己总是为别人的努力鼓掌，当然这么做没错，但请记住这一点——表扬自己并没有坏处。

● 当人们欣赏你所做的事情时，不要说："是的，但是……"相反，告诉他们你很感谢他们的关心。

● 同样，当有人付给你报酬时，只要微笑着说"谢谢"就行了。不要反驳他们的观点，否则这就像在告诉别人，他们的判断力不行或是不太聪明。

如果有人夸奖或奖励了你，坦然接受它。不要害怕，偶尔拍拍自己的后背，鼓励一下自己。如果你满怀自信，你就会发现，帮助别人获得信心，也不是什么难事。

简单的法则 18：

不要更努力地工作，要更聪明地工作。

虽然我认为领导者在工作中投入的时间和精力很重要，但我也知道许多领导者认为，他们的工作量和他们的成功之间有直接的关系。

他们认为投入的时间越多，他们看起来就会越成功。他们的字典里没有"授权"一词，他们心中有个内部批评者，一直在说"不要只是坐在那里，做点什么"。

我保证，那些领导虽然工作到很晚，但他们的员工却在外面玩得很开心。他们除了做自己分内的工作外，还在处理本应由员工做的事情。他们认为授权给下属，看起来像是在逃避自己的责任。

仆人型领导则会更聪明地工作。他们知道他们的工作并不是为了做员工的工作，而是要培训员工和让其做好工作准备，然后摆脱这些冗余的杂事。这样领导者就可以实现自己的目标。

让常识成为习惯

当有人给你带来一个问题——比尔·昂肯和我在我们合作出版的书《一分钟经理人·遇见猴子》(*The One Minute Manager Meets the Monkey*)中将遇见的问题称为"猴子",别说"让我想想,我稍后打给你"。如果你那样做了,还不如为这只"猴子"拉开椅子请它入座。相反,当有人带着一只"猴子"来找你时,请采取以下步骤。

● 抚摩猴子,并就其护理和喂养提出建议。

● 确保它和它合适的主人,也就是你的团队成员一起出门。

聪明地工作不仅是授权给员工,还意味着要帮助员工解决他们的问题。如果员工给你带来了问题,而你却将这些问题一把揽过来,那么很快你就在做他们的工作了。当你的员工在高尔夫球场上或在家休息的时候,你在更努力地工作,而不是聪明地工作。在适当的时候要授权,别犹豫,没有人希望办公室里满是"猴子"。

简单的法则 19：

"没有一个人可以像我们所有人
一样聪明。"

　　　　——尤尼斯·帕里西－卡鲁，

　　　　　　　唐纳德·卡鲁

我在世界各地的组织中遇到过很多领导者，他们表现得好像领导力就是他们的全部一样，他们希望每个人都知道他们手握大权。

有这种想法的人肯定不是仆人型领导者。他们是自私的领导者，并且忽略了这样一个现实，即他们的员工的能力远远超过所得到的认可。因此，最优秀的人才会很快跳槽，寻找一个领导者把其员工视为伙伴，而不是下属的新公司。

另一方面，仆人型领导意识到领导力就是和手下的员工一起工作，分享信息，并保持沟通渠道的畅通。在这种情况下，人们就会了解到彼此的优势，并在此基础上帮助团队发挥出最高水平，他们证明了 1+1>2。

让常识成为习惯

如果你想创建一个高绩效的团队，你需要执行以下操作：

● 面对这样一个事实，即你的员工已经明白你并不是什么都知道。

● 当你做决定或试图寻找问题的解决方案时，向你的团队成员寻求帮助。

● 让他们知道每个人的贡献都是不可或缺的，都是值得赞赏的。

当你构建出这种并肩前行的管理哲学时，你的团队成员都将做好准备，想要与你一同工作。

简单的法则 20：

爱是答案。那问题是什么？

根据《哥林多前书》(第13章第4节至第7节)所说:

爱是恒久忍耐,爱是仁慈。它不嫉妒,不自夸,不张狂。

它不羞辱他人,不自寻烦恼,不轻易发怒。

它不计前嫌,不喜欢恶,只喜欢真理;

它总是包容,总是相信,总是充满希望,永远坚持。

大多数人都在婚礼或其他特殊场合听过这段关于爱的经文。我认为没有什么比这段经文中列举的美德更能代表仆人型领导者的品质了。

如果你让为自私的领导者工作的人描述他们的老板,你会听到这些美德的反义词。自私的领导者很少被认为是有耐心或善良的,他们往往会羡慕那些有更大影响力的人,吹嘘自己的成就,等等。

我相信仆人型领导是将爱付诸行动。如果爱是答案的话,那么也许问题就是——仆人型领导者用什么来领导?

让常识成为习惯

想知道你的员工是否把你视为仆人型领导？

● 列出这段经文中所提到的个人品质，并询问员工，你作为一名领导者拥有其中哪些品质，调查要匿名进行。

● 一旦你得到了反馈，与你的团队安排一次会议，分享你所学到的东西，并向他们询问，应当如何改进你欠缺的品质。

● 接下来是关键——改变你的领导风格，向员工表明你在认真改进。

第 六 章

仆人型领导必须知道的道理

简单的法则 21：

仆人型领导不会向员工发号施令，而是邀请员工和他们并肩前行。

我遇到过一些领导者，当他们下达命令而员工没有立即服从时，他们会感到不安。

　　这些领导者认为，当你是领导时，你告诉别人该怎么做，他们就应该盲目服从。

　　事实上，大多数人不喜欢被命令着去做事，他们喜欢参与决策。这就是为什么我说仆人型领导是一种比自上而下、指挥控制型领导更好的领导方式。仆人型领导知道员工希望成为团队的一员，所以邀请他们的员工跟随他们，在一种员工参与创造的关系中并肩工作。

让常识成为习惯

如果你想让员工接受你的领导，请采取以下步骤：

● 关注"我们"而不是"我"。

● 不断让团队成员知道他们为什么重要，以及他们是如何为团队的成功做出贡献的。

● 运用语言的魅力，因为你在与团队成员交谈时，不同的语言会产生不一样的效果。"你介意吗？"听起来是一种邀请。"为我做这件事"听起来更像是命令。

● 说"请"和"谢谢"，这两个词在任何关系中都很受欢迎。

用发号施令和许以职位来领导员工是行不通的。要想做出一番事业，你需要组建一个有凝聚力的、成员都想跟随你的团队。

简单的法则 22：

出谋划策的人很少参与实战。

在大多数组织中，领导者往往闭门造车，制订变革计划以解决他们认为组织中存在的问题，然后向他们的团队推出该计划。但是，员工很难支持自己没有参与制订的组织变革计划。有太多的领导者认为，所有出谋划策的人都在管理层，他们制订计划不需要别人参与。

优秀的领导者明白，他们身边的员工和自己一样优秀。他们清楚，让员工尽早参与到变革计划中，对其成功至关重要。员工对组织变革有可预见的担忧。当他们能够在计划的实施中发挥作用，并被允许表达他们的担忧，提出他们的贡献、想法和反馈时，他们更有可能支持计划并帮助完成它。

让常识成为习惯

以下是如何解决员工对变革的主要担忧，以及如何能让他们参与进来的方法，摘自《更高层面的领导》（*Leading at a Higher Level*）一书。

● 信息层面的问题——员工想知道你知道什么。分享有关变革的信息，防止谣言和困惑的产生，继续传达经过验证的事实。

● 个人层面的问题——员工想知道变革将对他们产生什么影响。让他们畅所欲言，并准备好回答他们的问题。

● 实施层面的问题——员工想知道他们应该如何面对变革。让他们参与寻找前进的道路，你需要他们的支持才能成功。

● 影响层面的问题——员工想知道变革是否会奏效。要鼓励、关注员工们努力所产生的积极影响，并认可他们的成功。

● 细化实施层面的问题——员工希望不断改进系统和流程。继续实践这些领导战略，并保持沟通渠道畅通。

简单的法则 23：

仆人型领导喜欢获得反馈。

你有没有为拒绝接受批评的上级提供过反馈？也许你只是实话实说，比如，"老板，我认为我们周四下午的会议是在浪费时间"，你的老板会冲你喊道："你说'浪费时间'是什么意思？你在开玩笑吗？那些会议很重要！"很明显，这位自私的领导者不想听到真相。自私的领导者讨厌反馈。因为对他们来说，负面反馈意味着员工认为他们不应该再领导了。那是他们最可怕的噩梦，因为他们认为他们所处的职位"代表着"自己。

仆人型领导喜欢反馈。他们能够领导他人的唯一原因是服务员工——如果有人对如何更好地服务员工提出建议，他们会乐于倾听；他们不允许自负妨碍他们进步，他们将反馈视为礼物。

不加评判地给予和接受反馈，是那些努力构建良好关系和成果的仆人型领导的最佳策略之一。

让常识成为习惯

如果你真的想知道你的团队成员对你的领导风格的看法，请与他们讨论。

● 向你的员工保证，当他们给你反馈时，你不会心怀芥蒂。对大多数人来说，他们并不习惯向老板提供反馈，所以你可能很难从你的团队成员那里得到诚实的反馈。他们可能害怕说出的话会让老板生气，所以他们不愿坦诚地说出想法。但是如果你为他们敞开大门，你可能会学到许多有价值的真理。

● 记住，他们是在给你礼物，所以要确保你说的第一句话是"谢谢"，然后接着说："这对我太有帮助了，你认为我还应该知道什么？"

我认为我的同事里克·泰特说得没错，他说："反馈是冠军的早餐！"

简单的法则 24：

取得好成绩的人会对自己信心满满。

当人们读到"取得好成绩的人会对自己信心满满"这句话时，大多数人会问："真的吗？不应该是'自信的人会表现得更优秀'吗？"当然，自信很重要——但在与人交谈和观察他人的过程中，我发现真正激励他们，并让他们充满自信的是产生卓越的成果。为什么呢？因为成果是看得见摸得着的——不仅对人们自己来说是这样，对他们身边的人来说也是这样。

例如，金钱通常只有在作为对成果的反馈时才会激励人们。你是否曾经得到一笔很满意的加薪，却发现你认为并没有像你一样努力工作的人，也获得了同样甚至更高的加薪。一旦你知道这笔加薪与你努力的成果无关，那么它不仅不能激励你，甚至会令人沮丧。突然间，你的努力似乎都不重要了。

让常识成为习惯

如果人们总是达不到目标，就很难获得自信。这就是为什么作为一名经理人，你需要尽你所能，通过确保以下几点来帮助你的员工赢得胜利，实现他们的目标。

● 确保员工的目标清晰、可观察、可衡量。

● 作为他们的领导者，你应与员工一起跟踪工作进展。

● 当他们表现良好或者未达到预期时，给予他们适当的表扬、点拨或指导，或者重新审视你的领导风格，是否与这个人在特定目标上的发展水平相匹配。

那些对自己的工作感到满意的人，总是在想方设法地为组织的成功做出贡献。

简单的法则 25：

"这与你无关。"

——华理克

当团队出色地完成工作时，自私的领导者往往会祝贺自己，并把所有的功劳归于自身（这里可能存在自负的问题）。当我读到华理克的《标竿人生》（The Purpose Driven Life）一书的第一句话时——"这与你无关。"我就立刻成了他的狂热粉丝。有效的仆人型领导的目标是为他们的员工服务，并确保员工知道自己的贡献是有价值的。这些领导者意识到领导力不在于他们自己，而是关乎他们所服务的人。

让常识成为习惯

"通过行动向你的员工表明你的目标是服务他人，而不是被他人服务。"你需要做到以下几点：

● 当你的团队表现出色并获得赞誉时，请务必退后一步，将大部分功劳归功于你的员工。

● 继续庆祝团队获得的胜利，无论是为每个人准备礼品卡，还是召开节日会议以表彰个人成就，或者采取其他形式的表扬或奖励。

当人们的努力得到认可时，他们会继续对自己的工作充满兴趣。最终，他们不需要那么多的外部认可，甚至不需要你的认可。因为他们会开始发现，自己在正确的道路上前进着。

培养人们成为自己命运的主人，最终成果体现在中国古代哲学家老子的这句名言中："圣人之道，为而不争。"

简单的法则 26：

伟大的领导者使用"SERVE"

方法。

以自我为中心的领导者，喜欢自上而下的领导方式。

他们最不想做的事情，就是成为仆人型领导并与他们的员工一起工作，他们忙于指挥和控制他人。

《领导者的秘诀》(*The Secret: What Great Leaders Know and Do*) 一书的核心哲学是"伟大的领导者'SERVE'"。我的合著者马克·米勒和我用服务——"SERVE"作为首字母缩略词来解释伟大的领导者服务员工的五种基本方式。

让常识成为习惯

如果你是一个想服务员工而不是被员工服务的领导者，请遵循"SERVE"模式中的以下步骤：

● "S"（See the future）——展望未来。一个令人信服的愿景的重要性，怎么强调都不为过。一旦建立了明确的愿景，你就可以在此基础上制定目标和战略。

● "E"（Engage and develop people）——吸引和培养人才。在设定好愿景和方向后，仆人型领导专注于吸引和培养员工。这样有助于他们实现目标，并按照所设的愿景工作。

● "R"（Reinvent continuously）——不断创新。仆人型领导是终身学习者，他们表现出对持续改进的渴望，将组织结构看作是流动的，并时刻准备对其进行调整，以最好地服务于公司、客户和员工。

● "V"（Value results and relationships）——重视成果和人际关系。成果和人际关系对于企业的长期生存至关重要。善待你的员工，他们就会善待你的客户，好的成果也会随之而来。

● "E"（Embody the values）——体现价值观。仆人型领导建立在信任的基础上。仆人型领导必须成为其价值观的生动范例，这样才能赢得和维持员工的信任。

"SERVE"这一首字母缩略词代表着仆人型领导的运作方式。在这五个方面都取得成功并不容易，但值得去做——因为仆人型领导就是将爱付诸行动。

第 二 部 分

建立信任

兰迪·康利在这一部分中起了带头作用，重点介绍了他在信任这一主题上的专业知识，这是一个成功组织的基础。基于信任的领导力对于协作、创新、员工投入度和健康的工作环境至关重要。

让我问你一个问题：你认为信任对你作为领导者的成功很重要吗？如果是，请举手。好了，你可以把手放下了。

为什么我觉得你举手了？因为几乎所有被问到这个问题的人都会举手。任何人都不会认为信任对成功的领导者来说并不重要。

现在让我问你第二个问题：你有明确的建立信任的策略和计划吗？如果有，请举手。有人举手吗？

如果你没有举手，不要难过，你并不孤单。当我问这个问题时，大多数人都不会举手。为什么会这样？因为信任就像氧气——大多数人只有到了呼吸不过来的时候，才会想起它的存在。

可能很难知道它是从哪里开始出现的，信任是深而广的。在建立信任的问题上，没有什么锦囊妙计，它需要时间的打磨，需要全面和持续的方法。

这就是仆人型领导的作用所在。仆人型领导是建立信任的手段，仆人型领导的行为方式能够激发其追随者的信任。现代仆人型领导运动之父罗伯特·k.格林利夫在其 1970 年的开创性文章《仆人型领导》中写到，成为仆人型领导"始于一个人想要服务、首先要服务的自然感觉，然后有意识地选择让人渴望成为领导者"。

仆人型领导之所以与众不同，是因为他们将追随者的需求置于自己的需求之上。当团队成员相信他们的领导把他们的最大利益放在心上，并支持他们实现目标时，他们对领导的信任就会突飞猛进。

信任是一种结果，是我们与他人互动时产生的结果。如果我们以值得信任的方式行事，我们就能与他人建立信任。如果我们以不值得信任的方式行事，我们就会破坏信任。这是常识，但并没有成为习惯。

这让我想到了这些关于建立信任的简单法则，它们包含了智慧的要点。比如，信任在领导力中的作用，诚实、正直和公正待人的重要性，值得信赖的领导的特质，在变革中建立信任和重建被破坏的信任的方法，以及宽恕的强大力量。

我希望这些简单的法则，将激励和帮助你成为员工值得跟随的领导。因为每个人都应当拥有一个可以信任的领导。

——兰迪·康利

第 七 章

领导力中的信任

简单的法则 27：

领导始于信任。

一些领导者在没有过多考虑建立信任的情况下，就不假思索地为他们的团队设定战略目标。然而，信任是任何成功和健康关系的基础。当你得到团队的信任之后，一切皆有可能，创造力、创新力、生产力、效率和士气都将蓬勃发展。如果你的团队不信任你，你会遇到阻力、隔阂、冷漠，以及最终的失败。

最成功的领导者，会意识到他们的首要任务是与团队成员建立信任。值得信赖的领导者在他们所处的角色中表现出色、行为正直、给予团队成员关心和照顾，并通过履行他们的承诺来彰显他们的可信度。

让常识成为习惯

你的团队认为你值得信任吗？如果你不确定，请询问他们。以下是几个示例问题：

● 你对我的领导/管理能力有信心吗？你认为我在哪些方面需要改进，或者应该如何改进？

● 我是否言出必行？我在哪方面可以变得更加言行一致？

● 我对你的倾听程度如何？我们的互动是否让你感到被倾听、被重视和被支持？

● 你觉得我可靠吗？你相信我会履行我的承诺吗？

通过与你的员工讨论信任相关话题来展示你的脆弱，是在你的工作中引入仆人型领导方法的一个有效方式。

简单的法则 28：

建立信任是一种可以习得和培

养的技能。

在我的工作中，我发现人们对信任有一个普遍的误解：许多人认为信任是通过某种潜移默化的关系自然而然地产生的。事实上，建立信任是一种技能。而且和其他技能一样，我们可以通过学习、训练来提升这一技能。我们选择去做的事情既可以建立信任，也可以毁掉信任，因此当我们做出正确的举动时，就可以在我们的关系中享受更多的信任。

让常识成为习惯

在《信任为王》(*Trust Works*) 一书中，肯与他的合著者辛西娅·奥姆斯特德和玛莎·劳伦斯分享了建立信任的基本知识。在此基础上，我与他人共同撰写了我们公司建立信任的培训计划，该计划旨在教授领导者如何建立信任。

遵循 "ABCD" 模型的这四个方面来建立信任：

- A 有能力的（Able）——展示能力。
- B 可信的（Believable）——诚实行事。
- C 可联结的（Connected）——关爱他人。
- D 可靠的（Dependable）——信守承诺。

无论是在家庭还是工作中，践行 "ABCD" 模型，将会在你的人际关系中培养一种日益增长的信任文化。

简单的法则 29：

"自信是成功的第一秘诀。"

——爱默生

相信自己意味着什么？它意味着对你作为一名领导者的使命充满信心。我认识一些领导者，他们从来不花时间去明确他们的领导观点。作为领导者，是什么激励着你？你的价值观是什么？你对领导他人的信念是什么？如果你不知道这些问题的答案，你的领导力可能会偏离轨道。

一个没有明确目标的领导者，就像一艘没有舵的船——风往哪里吹，它就会往哪个方向跑。但是当你有一个像肯那样明确的使命宣言（"我是一个充满爱心的老师，也是简单法则的榜样"）时，你的能量就会被引导到一个特定的方向。当你明确自己的领导使命时，自信就开始了。

让常识成为习惯

将你的领导理念落在纸上，可以帮助你变得更真实，更有自知之明，更有目的性。你可以通过以下步骤发展你的领导力观点，这些步骤摘自《更高层面的领导》（Leading at a Higher Level）一书。这看起来像是一个简单的练习，但它会帮助你对自己和你的领导风格进行深刻反思。

● 列出生活中塑造了你的领导力的关键事件和人物。

● 你从这些关键事件和人物中学到了什么？

● 根据这些经验教训，你在领导别人时最看重的三到五个价值观是什么？

● 因此，你的团队在未来对你的领导力有什么期待？

● 你对自己和他人的未来有什么期望？

● 你想留下的领导力精华是什么？

花点时间仔细思考这些重要问题的答案，在写下答案后，和你的团队分享。

简单的法则 30 :

必须要有人迈出第一步来扩大
信任，这个人就是领导。

如果前方没有任何风险，你也就不需要信任了。这就是所谓的确定性，可以确定的、能够得到保证的事情。但如果前方充满风险，你有可能会因为把你的爱、金钱或信念交到某人手上而受伤——这种情况下，信任是必不可少的。这种风险的一部分来自某人在建立信任方面迈出的第一步。

　　信任不是在偶然中建立的。为了在一段关系中发展信任，一方必须做出发展信任的决定，并希望这一举动得到回报，这就是信任建立的原理。欧内斯特·海明威用一句简单而雄辩的话概括了这一点，他说："让人们值得信任的第一步就是要先信任他们。"

　　在工作场所，作为领导者，你的工作首先是向你的员工提供信任。他们并不是仅凭你的权力或权威地位就要盲目地相信你。

让常识成为习惯

想象一下，你正身处一种紧急的情况，你可能会犹豫是否要信任某人。你对那个人抛出信任的橄榄枝之后，情况会怎样？

● 不要盲目信任，那是愚蠢的。

● 通过观察对方的行为有没有反映出信任的"ABCD"模型（详见简单的法则 28）来评估对方的可信度，然后适当地扩展信任。

在你迈出信任的第一步之前，并不会知道你是否能信任某个人。我敢打赌，他们会证明自己是值得信赖的，并且能够应付自如。

简单的法则 31：

人们欣赏你的长处，但他们也尊重你坦诚面对弱点的态度。

——科琳·巴雷特

当涉及与团队的关系时，很多领导者都闭口不谈，他们在身体和情感上都与团队成员很疏远。像《绿野仙踪》一样，许多领导者害怕让团队成员看到"幕后"的他们，因为他们担心会被认为不够完美。这种恐惧让团队成员无法真正地了解头衔或职位背后的人。

科琳·巴雷特是西南航空公司的荣誉总裁，也是肯出版的《以爱领导》（Lead with LUV）一书的合著者。她对领导者的脆弱性，有着深刻的认识——"我认为当你展现出脆弱的时候，员工们会意识到你也是人。而且，也许更重要的是，他们喜欢你同时拥有积极和消极的个性。"

当人们看到他们的领导表现出脆弱的一面时，可以激励他们也表现出真实的一面。

让常识成为习惯

考虑采取以下切实可行的措施，展示自己脆弱的一面。

● 关注他人，而不是自己。以自我为导向，会驱使你以维护精心策划的假面角色的方式行事。所以，你应该专注于为他人服务，满足他们的需求。

● 谦逊的领导。谦逊的领导者与团队成员站在一起，愿意和他们真诚相处。没有伪装，没有面具——只有你。

第 八 章

人际关系中的信任

简单的法则 32：

没有我们就没有信任。

当今世界两极分化的政治和社会环境经常使人们针锋相对，中间几乎没有空间。这种非此即彼的心态，正在影响着我们在人际关系中建立信任的方式。

我们必须记住，在最纯粹的形式中，信任是两个人之间的心理和情感建构。没有我们就没有信任——你和我，两个愿意冒险的人，愿意在彼此面前展示自己的脆弱，期望对方不会乘虚而入。我们不会向对方索取，但我们会心甘情愿地付出。因为随着时间的推移，对方已经证明了他们的可信度。我们不断培养对这些关系的信任，这样它们就会随着时间的推移而不断发展，并以一种正向循环的方式不断自我增强。这就是信任中的我们。

让常识成为习惯

亚伯拉罕·林肯曾说："我不喜欢那个人。但我必须更好地了解他。"找出生活中与你意见相左或信任度较低的人。如何更好地了解他们，并与他们建立更高层次的信任？或许你可以问他们这些问题：

● 什么能给你带来快乐？

● 真正让你生气的是什么？

● 谁是你的英雄？

● 是什么激励你努力工作？

● 你最喜欢的工作／职业是什么？

● 你最喜欢的书是什么，为什么？

● 如果你可以选择一天做任何事，你会做什么？

简单的法则 33：

恐惧是信任的敌人。

我观察到，许多领导者通过制造恐慌和恐吓来管理员工。他们认为，指出错误、提出批评，甚至对团队成员大喊大叫，会让他们表现得更好。然而，长期来看，这么做的结果，更有可能使人们疏远领导者，或者因为害怕犯错而不敢采取主动行动。

即使你不是那种典型的刻板的、咄咄逼人的老板，你也可能在不知不觉中给你的团队留下了恐惧的阴影。你的职位权威本身就足以在你的员工心中制造一定程度的焦虑。再加上其他一些引起恐慌的行为，如拒绝交流或发脾气，你就掌握了培养胆怯甚至心怀恐惧的团队成员的秘诀。

恐惧是信任的敌人。如果一段关系中存在恐惧，信任几乎不可能存在。

让常识成为习惯

通过采取以下步骤，你可以获得信任，或者在理想的情况下降低乃至消除与你的员工的关系中的恐惧感：

● 行为要具有一致性。如果你的员工能够合理地预测你在特定情况下的反应，他们就不会害怕冒险。

● 将错误视为学习机会。高信任度的企业文化让员工有信心设定 BHAGs（big 宏伟的、hairy 惊险的、audacious 大胆的、goals 目标），并且愿意承担失败的风险。与其在你的员工犯错时惩罚他们，不如利用这个机会，指导他们下次如何做得更好。

● 友善一点。必要的时候说"请""谢谢"和"不客气"。一点点善意对建立信任大有帮助，努力向你关心的人发出友好和鼓励的信号。

简单的法则 34：

没有信任的关系就像不在服务区或没有联网的手机——你只能玩游戏。

很多领导者把人际关系当成一场游戏。他们将团队成员视为企业政治棋盘上的棋子，需要加以操纵这些棋子来实现领导者的目标。

　　可靠性是一个值得信任的领导者的重要组成部分。人们渴望追随一个真诚的领导者，他们会对值得追随的领导者投入 100% 的精力。一个可靠的人往往是真诚的，他们不会伪装自己，"所见即所得"说的就是他们。他们在任何特定情况下的行为都是可以合理预测的，这提供了高度的信任和安全感。

让常识成为习惯

做一个可靠的人并不难，你所要做的就是做自己。真正的领导者都很谦逊，他们会承认自己不知道的事情，履行诺言，承认自己的错误，言出必行。作为领导者，通过"REAL"法则可以让你变得更加可靠。

● R（Reveal information about yourself）：透露自己的信息。让你的团队了解你这个人，而不仅仅是作为一个老板。

● E（Engage people as individuals）：让人们作为个体参与进来。每个人都希望被看作是一个独立的个体，而不仅仅是一个来工作的人。

● A（Acknowledge team member contributions）：感谢团队成员的贡献。人们渴望他们的出色表现得到赞扬和认可。表扬他们吧！别吝啬！

● L（Listen to learn）：倾听并学习。当你与人互动时，花更多的时间倾听他们而不是说话，想办法把他们的反馈和想法纳入你的决策中。

简单的法则 35：

人们不关心你知道多少，他们
更想知道你有多在乎他们。

领导者在组织中的地位越高，他们就越认为自己需要成为房间里最聪明的人。他们相信炫耀自己的才华，会赢得员工的信任和钦佩。

作为一名领导者，无论你有多聪明或多有魅力，如果你的员工认为你没有考虑他们的最大利益，没有真正关心他们，他们就不会给你信任、忠诚和最大程度的努力。表现出对他人的关心和照顾，是建立信任最快、最简单的方法。

让常识成为习惯

要想获得人们的信任，首先要建立融洽的关系。建立融洽的关系并不像造火箭那么难，但它也需要全情投入。以下是一些简单实用的入门方法：

● 记住人们的名字，并经常叫他们的名字。

● 以他们为话题展开对话，而不是谈论你自己。

● 了解团队成员在工作之外的生活。

● 在合适的情况下，分享关于你自己的信息。

● 寻找共同利益。

简单的法则 36：

人们会忘记你所说的话，忘记你所做的事，但永远不会忘记你带给他们的感受。

——玛雅·安吉洛

领导力是一个关于内心的问题。作为一个领导者，说正确的话、做正确的事非常重要——但如果人们不相信你真的关心他们，你就不会赢得他们的信任。你给别人带来的感觉，是衡量你对他们影响的真正标准。

　　你是否尊重、关心和体贴你的团队成员？记住，你会出现在每个下属的饭桌话题中。他们是怎么评价你的？

让常识成为习惯

　　定期和你的团队进行"展示和说明"——但不是你在小学时玩过的那种游戏。

　　● 通过友好的情谊和善意的行为关心你的团队，用行动证明你的关心。

　　● 告诉你的团队成员，你有多么欣赏和重视他们的工作，抓住他们做对的地方并表扬他们。员工从来不会因为别人夸他们表现好而感到厌倦。

　　作为一个仆人型的领导者，当你通过你的言语和行动建立一个真诚的、充满关怀的环境时，你可以放心，你的员工会永远记住你给他们的感觉。

第 九 章

可信赖的领导者的特征

简单的法则 37：

我听不见你在说什么，但你的
行为说明了一切。

我们的经验表明，许多领导者善于发表声明，但往往未能贯彻执行他们大胆的声明。谈论你要做的事情并不是什么难事，实际上这样做才能建立起与他人的信任。亨利·福特曾经说过："你不能依靠你要做的事来建立声誉。"他知道一个所有值得信赖的领导者都应该懂的道理：你的行动比你的言辞更有说服力。

言出必行是诚信的本质。正直（integrity）一词源于拉丁语"integritas"或"integer"，它暗示了这个问题的核心——完整的、全部的，而不是支离破碎的。当你的行为与你的言语一致时，你就是完整的，并完全以诚信行事。

你的员工会怎么评价你的正直品质？你是一个"照我说的做，而不是照我做的做"的领导者吗？如果是这样的话，你正在毁掉员工对你的信任。

让常识成为习惯

你可以用肯和诺曼·文森特·皮尔在《道德管理的力量》（*The Power of Ethical Management*）一书中描述的道德领袖的五个要素来评估自己。你的强项是什么？你在哪些方面需要改进？

● 目标——由你的目标驱动，让它来指导你的行为。

● 骄傲——表现出适当的自豪感。与源于扭曲的自负感的虚假骄傲不同，适当的骄傲源于积极的自我形象和对自己能力的信心。

● 耐心——相信只要你坚持自己的价值观和原则，事情会好起来的。

● 坚持——坚持到底，忠于自己的目标和价值观。

● 视角——牢记大局，理解真正重要的东西。

简单的法则 38：

永远实话实说，就是这么简单。

将真相合理化的领导者，往往会发现自己陷入了流沙之中。他们寻找塑造事实的各种方法，努力让自己相信自己是诚实的，而不是讲述完整的故事。但说一半真话，就代表着说一半假话。

当领导者开始编造事实，而不是在沟通中保持坦诚时，他们会毁掉这份信任。歪曲事实就是伪造真相，这也许比直接撒谎更容易被社会接受，但这仍然是伪造。

办公场所不是编故事的地方。

让常识成为习惯

以下是你如何避免歪曲事实，并与你的员工建立信任的方法。

● 想想那些你不那么诚实的情况。也许是因为你犯了一个错误，但又不好意思承认；或者是你的团队搞砸了，作为领导者，你不想丢面子。

● 注意那些涉及你的自负和骄傲的例子，它们往往是不诚实行为的根源。要尽一切努力，防止自负和骄傲破坏你的正直品质。

诚信的核心是正直——如果你是个不诚信的人，你就不可能拥有正直的品质。仆人型领导永远实话实说，真的就是这么简单。

简单的法则 39 :

永远不要做出你不能遵守的
承诺。

"承诺"这个词，在今天的文化中已经失去了一些严肃意味。有些领导者随意使用这个词来表达想要履行承诺的意图——但他们并不总是有一个切实的计划来兑现他们的承诺。

违背承诺是信任的头号杀手，没有什么比许下空头支票的领导者更能毁掉人们的信任了。为什么会这样？回想一下，当你还是个孩子的时候，你的父亲或母亲许下了承诺，却没有遵守承诺，还记得你内心的失望吗？

承诺会营造期望。当这种期望落空时，信任就被破坏了，所以要小心使用"承诺"这个词。只有当你有一个万无一失的计划来实现一些事时，再做出承诺！

让 常 识 成 为 习 惯

遵循以下建议，以帮助你做出合理的承诺。

● 确保你有资源（时间、金钱、工具、人员等）来履行你的承诺。

● 明确承诺与你的核心价值观之间的联系，这样你就会有持续的动力坚持到底。

● 如果你不能兑现承诺，确定你的人际关系可能面临的风险。

● 将承诺写在你的待办事项清单或日历上，这样你就不会忘记它。

简单的法则 40：

"没有什么比平等对待不平等者更不平等的了。"

当我与人们讨论如何在办公场所建立信任时，不可避免地会谈论到有关公平的话题。例如，我说"我是公平的，因为我对待每个人都是＿＿＿。"当我让人们填空时，最常见的答案是"一样的"。

　　事实是，一个领导者能做的最不公平的事情之一，就是对每个人都一视同仁。大多数领导默认对每个人都一视同仁，因为这是权宜之计。这是阻力最小的途径——领导者不必担心被指责为偏袒。实际上，这是领导层的逃避行为。

　　值得信任的领导者明白，鉴于每个人的情况不同，管理者需要公平和合乎道德地对待他们，领导力并不总要遵循一刀切的法则。当然，某些规则、政策和法律要求每个人都被同等对待——但是当涉及管理个人的问题时，你需要根据具体情况对待每个人。

让常识成为习惯

如何做到公平并与团队成员建立信任？以下是一些建议：

● 公开透明。提高分享信息的自由度和频率。

● 提高员工对决策的参与度。让参与制定决策的人，在执行决策时有更多的自主权。

● 遵守规则。对自己和他人负责。

● 不要厚此薄彼。没有人喜欢爱打小报告的人，所以不要给这类人的出现创造机会。

简单的法则 41：

信任永远是趋势，做正确的事永不过时。

作为现代领导力发展运动的先驱，肯这些年来目睹了许多领导理念趋势的来来往往，但信任这一趋势永不过时。

伟大的领导者明白，一致且可预测的行为，能够帮助他们与员工建立信任。即使是在不舒服或不受欢迎的时候，他们也专注于做正确的事情。那是因为他们知道，做错误的事情在任何时候都是不合时宜的。当你忍不住想要追随最新的领导力趋势时，请考虑一下一种始终如一的趋势：信任。

让常识成为习惯

我们的价值观驱动着我们做出决定。仆人型领导能够建立信任，是因为他们清楚激励员工行动并指导他们工作的价值观是什么。

花点时间思考一下你的个人价值观，选择你认为最重要的一项价值观。

● 写下一系列对你来说很有意义的品质（例如，公平、智慧、慷慨、勇气、创造力、诚实、守信等）。

● 从这些价值观中选出最重要的十条。

● 筛选完成后，从中选出你认为最重要的三到五条价值观。

● 再把这些价值观按照你认为的重要程度排序。

● 针对每条价值观，回答以下问题："无论何时，我都要参照这一价值观生活……"换句话说，为自己定义每个价值观。

这不是一个一蹴而就的练习，需要你在安静的状态下深刻自省。但是当你完成这件事时，你会比以前更深刻地理解自己，你的动机和你的意图。它会让你充满自信，并帮助你与周围的人建立起信任的关系。

简单的法则 42：

真正的仆人型领导勇于承认自己的错误。

一个常见的谬误是，领导者应该无所不知。太多的领导相信了这种说法，因此他们不敢承认自己的错误。他们认为承认错误意味着承认失败，这让他们在自己的团队面前显得很软弱。事实上，承认错误是领导者建立信任最有力的方式之一。当你的团队看到你承认自己行为的错误时，他们看到的是一个真实、诚实和可信的领导者，是一个能够为了团队的发展而放下自我的领导者。

如果你犯了错，承认它。承认你做的事情，如果需要的话你甚至可以主动道歉，然后制订一个计划以避免犯下同样的错误。你会发现，这将提高团队对你的信任度。

让常识成为习惯

当你承认错误时，这对你的团队来说是一个很好的学习机会。它让你有机会在行动中塑造仆人型领导力。以下是你可以遵循的一些极佳方法：

● 反应及时。尽快解决你的错误，延迟会让人觉得你在试图回避或掩盖问题。

● 承担责任。对自己的行为和由此造成的伤害负责。

● 吃一堑长一智。让你的团队知道你从错误中学到了什么，以及下次你遇到同样的情况会采取什么不同的方法。

● 简明扼要。不要过度道歉或自责，金无足赤，人无完人。

简单的法则 43：

我们有两只耳朵和一张嘴，这意味着我们应该多听少说。

当我要求人们描述一个伟大的领导者的关键特征时，成为一个好的倾听者总是首先被提到。员工希望自己的想法不仅被倾听，而且会产生一些影响。

好的倾听者和糟糕的倾听者有什么区别？好的倾听者专注于对方和他们所说的内容。如果有人说："今天是美好的一天！"一个好的倾听者很可能会这样回答他："确实如此！今天发生了什么事让你这么开心？"另一方面，糟糕的倾听者专注于自己。他们对"今天是美好的一天"这句话的回应，可能会引导这场讨论朝着他的话题发展，比如，"这对你来说就是不错了？你应该看看我上周去了哪里。"

糟糕的倾听者把一切都和自己联系起来。好的倾听者让你如沐春风，因为他们对你以及你的想法和感觉感兴趣。如果你的团队成员认为你是一个很好的倾听者，他们会和你分享他们最好的想法。

让常识成为习惯

练习以下技巧，提高你的倾听能力。

● 不要打断别人说话。这对说话者来说很粗鲁且不尊重，并传达了一种态度，即你认为你要说的事情，比他们正在说的更重要。

● 确保你理解了他们说的话。偶尔转述或重述你听到的话，以确认你没有误解他们的意思。

● 倾听讲话者的"言外之意"。提问一些开放式的问题，搞清楚问题的真正核心。

● 专注当下。忍住"开小差"的冲动，做一些笔记，积极倾听，并参与对话。

第 十 章

信任和控制

简单的法则44：

领导力最重要的部分是当领导不在的时候会发生什么。

高度控制型的领导者，不愿将权力下放给团队成员。他们担心当他们不在的时候，员工会偏离轨道，做出一些会给领导带来负面影响的蠢事。

仆人型领导者发展并赋予员工权力，这样领导不在的时候，就算员工不能表现得更加出色，也能表现得像领导在场时一样好。

这方面的典型例子是"远程办公"。当你作为领导者和你的员工一起工作时，很容易观察到他们的工作状态。但在当今世界，有很多人都在远程工作，你不可能时时刻刻都观察他们的表现。你的下属能够独立出色地完成自己的工作，这才能证明你是一个值得信赖的仆人型领导。他们知道你信任他们，他们也希望达到你所设定的标准。

让常识成为习惯

相信你的员工能够胜任这项工作，并不意味着你盲目地相信他们，而是根据他们的能力和对任务或目标的投入程度来做决定的。

以下是一些赋予员工权力的方法：

● 为你的团队成员提供实现目标所需的方向和支持。

● 让他们知道，如果他们需要帮助，你一直都在。

● 现在请站到旁边，让他们大放异彩吧！

简单的法则45：

信任的对立面不是不信任，而是控制。

许多领导者都喜欢把手中的牌捂得严严实实。他们害怕放弃太多的权力，因为担心会被反咬一口，他们认为不值得为放弃控制权冒险。

因为放弃控制，给了风险可乘之机，使这些领导者更容易受到伤害。因此，他们选择不相信别人，并试图掌控身边的人和局面以保护自己的安全。这种行为的结果造就了一种不确定性的文化。

如果我们把控制定义为我们拥有直接和全部的权力，很快就会意识到我们并没有那么多的控制权。我们可能对人或局面产生影响，但我们无法控制他们。我们真正拥有的唯一控制权是对自己的控制权：我们的行动、态度、价值观、情感和观点。

人们通常认为不信任或猜疑是信任的对立面，但事实并非如此。控制才是信任的对立面。你愿意放弃控制权，信任别人吗？

让 常 识 成 为 习 惯

如果你很难放弃控制权和信任他人，就从每一小步开始。

● 找出那些你愿意拓展信任的低风险情况。

● 通过衡量一个人处理任务的能力、做正确事情的正直程度，以及坚持到底的决心来评估他的可信度。

● 当你越来越愿意放弃控制权，并意识到其他人可以被信任时，在合适的机会出现时提高信任度。

简单的法则 46：

人们不会抗拒改变，但拒绝被控制。

关于变革的一个流传多年的说法是——人们会自发地抗拒它。事实是，大多数人实际上并不抗拒变革本身。他们拒绝被告知要变革，并被迫接受变革。事实上，他们是在拒绝被控制。

虽然总是让人们参与制订变革计划是不太现实的，但重要的是让他们知道需要变革的原因，以及有效实施变革会产生的好处。领导者通过征求团队成员的想法和意见，以及分享信息来提高他们的参与度，让他们感到自己没有被控制，他们就会对变革持越来越开放的态度。

让常识成为习惯

领导者的部分工作是发起变革。组织是一个有机体，所有的生物都处于生长和变化之中。领导者面临的挑战不仅是帮助员工接受变化，而且要帮助他们拥抱变化带来的机遇。以下是一些建议：

● 即使你的团队成员在变革中没有投票权，也要让他们拥有发言权。

● 主动询问团队成员对变革的看法，并征求他们的意见。

● 要特别注意解决团队成员对变革将如何影响他们个人的担忧之情。

● 让团队成员参与确认他们可以控制的内容，以及他们如何才能更好地适应变革。

简单的法则 47：

没有准确信息的人不能负责地
行动，拥有准确信息的人不得
不负责地行动。

简单的法则47出自《赋权需要一分钟以上》（*Empowerment Takes More than Minute*）一书。我喜欢这句话，因为它充分说明了信任的重要性。

不信任他人的领导不会分享信息，他们把所有东西都锁起来。在缺乏信息的情况下，人们往往会臆想自己版本的"真相"，但现实情况一般没有他们想的那么糟糕。当人们接触不到准确的信息时，就好像他们的领导在束缚着他们，不让他们发挥出最高的水平。

仆人型领导信任他们的员工，并意识到公开分享关于自己和组织的信息是正确的做法。当人们掌握了准确的信息，他们就能做出最符合组织利益的决定。

让常识成为习惯

伟大的领导者明白，信任是进行有效领导的基础。构建信任的一个关键方法是与你的员工分享信息。以下是一些关于如何做到这一点的建议：

● 通过提供获取信息的途径，建立一种问责制文化。如果你不能随意分享某些细节，就实话实说，你的员工会理解。

● 用容易理解的方式坦率地说话。用通俗易懂的语言表达复杂的数据，专注于与人对话，而不是用琐事"轰炸"他们。

● 做一个直言不讳的人。你的团队成员都是成年人，他们能直面真相。在传达坏消息时，要适当地表达同情和关心。

第 十 一 章

重建破碎的信任

简单的真相 48：

建立信任是一段旅程，而不是终点。

当我与领导者合作建立信任时，我经常听到这句话："我不需要学习如何建立信任，人们已经信任我了。"这些领导者将信任视为一个终点——一个要实现的目标——一旦拥有了信任，就不需要再花力气保持它。

事实是，建立和保持信任是一个过程，一个不断展示可信度的过程。就像生活中的任何一次旅行一样，会有顺利轻松的日子，也会有道路崎岖不平的时候。我们不可避免地会做出一些毁掉信任的事情——当这种情况发生时，最好有一个可以参考的过程来重建信任。如果双方都愿意付出努力，信任一般都可以得到恢复。

让常识成为习惯

如果你已经毁掉了一段关系中的信任，可以遵循以下过程来重建信任。

● 承认。恢复信任的第一步是承认问题存在，确定降低信任度的原因和你需要改变的行为。

● 道歉。正视自己在破坏信任的过程中所扮演的角色，并对所造成的伤害表示懊悔。

● 行动。承诺这种行为不会再发生，并在未来以更值得信赖的方式行事。

根据具体情况，完全恢复一段关系中的信任可能需要一些时间——但这是可以做到的。记住，建立信任是一生的旅程，没有终点。

简单的法则 49：

成功的道歉对于重建信任至关
重要。

当一段关系破裂，需要道歉时，很多人会认为应该道歉的是那个"有罪的"人。事实是，在大多数情况下，双方都有责任，成功地进行道歉对于重建信任至关重要。

这些年来，肯和我学到的一件事就是如何道歉。截至本文撰写之时，我们与配偶的婚姻生活加起来已超过92年——肯和玛吉结婚59年，金和我也已经结婚33年了。我们搞砸了很多事情，所以我们也互相道过很多次歉。我们发现，一个诚挚的道歉对于恢复信任大有帮助。

让常识成为习惯

想想因为你或对方从未道歉而受到伤害的某段关系。可以遵循下面的建议进行道歉，让你的人际关系重回正轨。

● 如果你搞砸了，承认你的错误。有效的道歉包括勇于承担责任。

● 不要在道歉中使用"如果"或"但是"等条件性语言——这让人觉得你在试图推卸责任或找借口。

● 选择合适的时间道歉。确保对方已经做好准备，并愿意听你说完。

● 道歉时要真诚，并对自己的行为表示悔恨。

● 承认你造成的痛苦，让对方说出他们的感受，不加评判或反驳地倾听对方的感受很重要。

● 承诺你不会再做出这种行为。只有当你不再做出毁掉信任的行为时，道歉才有效。

简单的法则 50：

道歉不一定是承认有罪，但它是勇于承担责任的表现。

"我不会道歉的，因为我没有做错任何事！"我记得我的孩子在小的时候曾多次说过这种话。

　　我也在工作中从领导那里听到过这句话，已经记不得有多少次了。没有人喜欢被错怪，大多数人确实不想为自己没有做的事情道歉。当你没有做错任何事情的时候，道歉会让你感到愤怒和戒备，这只会让情况变得更糟。

　　然而，就算你是无辜的，总会遇到需要你道歉的情况。重要的是你要记住，道歉不是承认有罪，而是承担责任。你是在承担改善关系和摆脱眼前困境的责任。

让常识成为习惯

以下是三个道歉的好理由，即使你并没有做什么错事。

● 选择维护关系而不是维护对错。与其互相指责或自以为是地幸灾乐祸，不如在情感上成熟起来，把关系置于自我之上。

● 眼光放长远一些。所有的关系都会产生冲突，为了维持一段关系的长期健康，即使你是对的，也要用智慧来辨别什么时候道歉更好。

● 代表团队道歉。你个人可能没有过错，但如果你的团队犯了错，你应该代表他们承担责任。仆人型领导要在成功时给予团队荣誉，在失败时站出来承担责任。这是领导的责任。

简单的法则 51：

选择不原谅别人，就像自己吃了毒药，然后等着别人死去。

领导者需要有坚强的外表和柔软的内心。不可避免的是，总会有人辜负领导者的信任。这些场合是领导者面临的分岔路口，他们可以心怀怨恨，让怨恨损害自己和人际关系；或者他们也可以选择原谅，努力修复关系。

当你选择不原谅一个人时，伤害的只是你自己。它会助长消极思维，让你对他人心怀戒备，并限制你以真实性的方式进行领导的能力。帮自己一个忙吧，选择原谅，你会感到如释重负。

让常识成为习惯

如果你在某种程度上受到了委屈，正在努力原谅对方，这里有一些建议：

● 想好如何回应。你的回应塑造了你的形象，你是想成为一个高层次的领导，还是一个心怀怨恨的人？

● 输掉一场战斗才能赢得战争。明智的领导者已经学会了如何选择战斗，在大多数情况下，为了维护关系（赢得战争），原谅某人（输掉战斗）更加明智。

● 记住，宽恕并不能消除后果。有些人不愿原谅别人，因为他们认为这样会让别人摆脱犯错的责任。事实并非如此，不管是自然的还是不自然的，人们都会承担自己所造成的后果。

● 原谅不一定意味着忘记。没有什么能抹掉过去，但宽恕能够展望未来，宽恕让你在治愈和希望中继续前行。

简单的法则 52：

宽恕就是放下对美好过去的所有希望。

当有人辜负了我们的信任时，对我们来说很难原谅他们——尤其是当这是一场严重的背叛时。我们很容易认为，通过拒绝原谅，我们在某种程度上控制了那些让我们失望的人。我们认为拒绝给予宽恕会让我们感觉更好，因为我们将别人珍视的、能够帮助他们继续前进的东西握在手中——我们的宽恕。

　　但你是否选择原谅，并不能改变已经发生的事情。你不能修改历史，粉饰太平。选择宽恕可以让过去和现在和解，它能让你放下过去的失望，毫无阻碍地走向未来。

让常识成为习惯

人们有两种常见的错误认知，使他们无法宽恕他人。不要让这些错误的认知阻止你将这条法则付诸实践。

● 错误认知1：宽恕会让你成为弱者或受气包。

事实不是这样的。允许别人一再破坏你的信任绝不是一个好主意；但在遵守适当底线的同时原谅别人，是一种强大的象征。

● 错误认知2：宽恕取决于对方是否表现出悔意。

这是不对的。不管侵犯你信任的人是否为他们的行为道歉或表示悔意，宽恕的决定权完全在你手上。宽恕不能由犯错的人赢得，它只能由被冒犯者给予。

结 语

我们确信这些简单的法则中，有一些对你来说是有意义的，这再好不过了。我们很感谢有机会与你分享。

　　但这还不够！现在是时候把这些常识变成习惯了。我们想要提醒你"为什么成为一个值得信赖的仆人型领导很重要，以及你如何才能做到这一点"。

为什么要成为一个受员工信任的仆人型领导？

世界迫切需要一种新的领导力。我们在过去的几十年里所经历的过时的领导方式，导致员工的信任度和敬业度创下了历史新低。很明显，我们一直在做的事情没有起作用。我们需要一种基于知识和信念的领导哲学，即那些强调服务他人和以信任为基础的领导者、组织才是最成功的。

可信任的仆人型领导是解决当前困境的答案。人们正在寻找更深层次的目的和意义，来应对我们生活中不断更迭的事物。员工也在寻找他们可以信任的领导者——专注于为更大的利益服务的领导者。

仆人型领导不仅仅是另一种管理技巧，也是那些有服务之心的人的一种生活方式。在由可信任的仆人型领导运营的组织中，为他人服务已经成为一种规范，额外收获是更好的领导、更好的服务、更高的组织绩效、更多的成功和更深刻的意义。

你如何才能实现这样的目标？

中国有句古谚语说："千里之行，始于足下。"我们已经帮你轻松地迈出了第一步。

本书分享了 52 个简单的法则——一个法则对应一年中的一个星期。这不是巧合。你可以每周选择一条简单的法则，专注于将这一常识变成你的习惯。你可以从 1 到 52 依次进行，或每周随机选择一条；你也可以在"仆人型领导"和"建立信任"两种模式之间交替进行，选择对你最有效的模式。

我们还收录了一篇讨论指南（附录），以帮助你更深入地思考这些法则。这篇指南包含了我们所讨论过的仆人型领导和信任子主题的提示。你可以使用它进行个人反思，也可以与同事或团队一起探讨。再次强调，做对你最有效的事情。

我们相信，领导不仅仅是一份工作，也是一种使命的召唤。我们都有巨大的机会和责任来积极地影响我们所领导的每一个人。当你读完这本书时，不要对自己说："哦，这本书真不错。"然后就把它放在书架上收集灰尘。

相反，把它放在你的桌子上，时不时重温一下，并与朋友分享。

我们相信，读完这本书，并将这些常识付诸实践后，你将更有能力成为一个值得信赖的仆人型领导。

现在，去做吧！

——肯和兰迪

附　录

我们希望阅读《重塑领导力》是愉快的体验，能让你对什么是仆人型领导，以及如何建立信任产生一些新的见解。

也许你有兴趣深入研究我们所涵盖的主题领域。这里有 24 个提示，涉及仆人型领导和信任相关的话题。这些问题没有对错之分，没有分数的高低，也没有排名来衡量你做得如何。

我们邀请你在由两个或两个以上的人组成的小组中分享这些问题，他们应当对有关领导和信任的想法、感受和信念感兴趣。或者，如果你更倾向于独立学习，请让这些提示激发你的思维，使你更接近你想成为的可以信任的仆人型领导。

——肯和兰迪

仆人型领导的本质

1. 你认为将传统的金字塔管理结构倒转过来，对领导来讲是好事还是坏事？为什么呢？

2. 你能描述一下你的公司令人信服的愿景吗？——它的目标、未来展望和价值观。

一分钟经理人的秘密

3. 如何发现正在做正确事情的人并引导、帮助他们更接近目标?

4. 分享一个关于表扬进步的真实故事。结果如何?

仆人型领导的情境式方法

5.分享你最喜欢的一种或多种领导风格。描述一到两种这种风格可能无效的情况。

6.想一想，当领导的领导风格和你的需求完全不匹配时，发生了什么？

创造一个激励人心的环境

7.分享一些让客户成为"你的销售队伍的一部分"的具体方法。

8.如果你向员工明确表达了你的期望，但你的行为却没有随之发生改变，会发生什么？为什么这样做会出问题？

仆人型领导的特质

9. 你认为仆人型领导可以在保持谦逊的同时拥有适当的自尊吗？这在工作中会如何表现呢？

10. 当你的团队成员用"爱的经文"中的特征来形容作为一名领导者的你时，你会感到多脆弱？你认为你能做出必要的改变来改善他们眼中的自己吗？

仆人型领导必须知道的道理

11. 以一种有条理和关怀的方式向你的员工征求反馈意见，你有何感觉？直接了解员工对你的看法，对你的领导是有益还是有害？

12. 以下两种情况哪一个先发生，为什么呢？（a）产生卓越成果的人自我感觉良好；（b）自我感觉良好的人产生卓越成果。

领导力中的信任

13. 你对员工的信任，是否足以支撑你有足够的信心去问他们"简单的法则 27"中列出的问题？你认为他们的答案会是什么？

14. 你为什么很难成为第一个给予信任的人？你是否认识在你赢得信任之前就信任你的人？那让你感觉如何？

人际关系中的信任

15.当你读到林肯的名言"我不喜欢那个人。但我必须更好地了解他"时，有什么感觉？想象自己正处于这样的感觉中。你会怎么做来了解一个你不喜欢的人？

16.你能看出一个领导对你是否真诚吗？如何判断？你的员工认为你是真诚的吗？为什么？

可信赖的领导者的特征

17. "一个领导者能做的最不公平的事情之一，就是对每个人都一视同仁。"这句话对你来说意味着什么？对所有人一视同仁有什么不好？

18. 承认错误如何成为建立信任的好方法？

信任和控制

19. 如果你的团队成员分散在全国各地（也许是世界各地），你怎么能相信他们会像你坐在他们身边时那样努力工作呢？

20. 为什么领导者与员工分享信息很重要？你觉得为什么有些领导者很难做到这一点？

重建破碎的信任

21. "如果团队在一个项目或计划上失败了,仆人型领导应该承担责任。"你对这个观点有什么看法?对员工的错误负责是仆人型领导的责任吗?

22. 你是倾向于轻易原谅,还是怀恨在心?解释你的选择。

最后两个问题

23. 作为一个值得信赖的仆人型领导，在这52条简单的法则中，你认为哪一条法则是你想要继续参考的？

24. 在你成为一个值得信赖的仆人型领导的过程中，你认为这52条简单的法则中，哪一条能够帮助你获得成长？

参考资料

Ken Blanchard and Colleen Barrett, *Lead with LUV: A Different Way to Create Real Success* (Upper Saddle River, NJ: FT Press, 2011).

Ken Blanchard and Renee Broadwell, *Servant Leadership in Action: How You Can Achieve Great Relationships and Results* (Oakland: Berrett–Koehler, 2018).

Ken Blanchard, John P. Carlos, and Alan Randolph, *Empowerment Takes More Than a Minute* (San Francisco: Berrett–Koehler, 1996).

Ken Blanchard et al., *Leading at a Higher Level: Blanchard on Leadership and Creating High Performing Organizations* (Upper Saddle River, NJ: FT Press, 2010 and 2019).

Ken Blanchard and Spencer Johnson, *The One Minute Manager* (New York: HarperCollins, 1982 and 2003) and *The New One Minute Manager* (New York: HarperCollins, 2015).

Ken Blanchard and Mark Miller, *The Secret: What Great Leaders Know and Do* (San Francisco: Berrett–

Koehler, 2004).

Ken Blanchard, Cynthia Olmstead, and Martha Lawrence, *Trust Works! Four Keys to Building Lasting Relationships* (New York: William Morrow, 2013).

Ken Blanchard, William Oncken Jr., and Hal Burrows, *The One Minute Manager Meets the Monkey* (New York: William Mor- row, 1989).

Ken Blanchard and Norman Vincent Peale, *The Power of Ethi- cal Management* (New York: William Morrow, 1988).

Ken Blanchard and Jesse Lyn Stoner, *Full Steam Ahead! Unleash the Power of Vision in Your Work and Your Life* (San Francisco: Berrett–Koehler, 2003 and 2011).

Ken Blanchard, Patricia Zigarmi, and Drea Zigarmi, *Leadership and the One Minute Manager* (New York: Harper Collins, 1985 and 2013).

Jim Collins, *Good to Great: Why Some Companies Make the Leap . . . and Others Don' t* (New York:

HarperCollins, 2001).

Rick Warren, *The Purpose Driven Life: What on Earth Am I Here For ?* (Grand Rapids, MI: Zondervan, 2002).

致谢

来自肯和兰迪

勒妮·布罗德韦尔是一个不可多得的合作伙伴,我们在撰写这本书的时候,一致认为应当第一时间感谢她。她不仅富有创造力和乐趣,而且编辑能力也是无人能及的。没有勒妮的帮助,这本书永远不会问世。我们还要感谢我们在贝尔特-科勒(Berrett-Koehler)出版社的朋友:史蒂夫·皮耶尔桑蒂、吉瓦·西瓦苏布拉马尼亚姆、大卫·马歇尔及其他工作人员。作为我们最喜爱的出版商,贝尔特-科勒出版社从未让我们失望过。

在本书中,我们提到了肯的一些合著者和其他在仆人型领导和信任领域的领先专家。从他们身上我们获益良多,我们要感谢他们对我们在这些主题知识上所做的贡献。

还要感谢丹妮尔·古德曼、莎拉·简·霍普和迈克·麦克奈尔,他们是贝尔特-科勒出版社为这个项目选择的审稿人。同时要感谢肯·布兰佳公司的几位同事和朋友,他们对我们的手稿提供了反馈。他们都在改进这本书中发挥了关键作用,我们非常感谢他们的帮助。

来自肯

我非常感谢我的妻子玛吉，以及她近 60 年来对我始终如一的支持。

她是世界上最好的啦啦队队长，并且她本身也是一位伟大的领导者。

我也非常感谢我们的儿子斯科特和儿媳马德琳，我们的女儿黛比，以及玛吉的弟弟汤姆·麦基，感谢他们对肯·布兰佳公司的领导。我也想对几位特别的同事表示感谢：安娜·埃斯皮诺、玛莎·劳伦斯、理查德·安德鲁斯、维基·斯坦福、大卫·威特、迈克尔·鲍尔斯和谢丽尔·霍顿。

来自兰迪

我要感谢肯和玛吉·布兰佳夫妇，感谢整个布兰佳家族和肯·布兰佳公司的创始合伙人，感谢他们在这个卓越的组织中工作了超过 25 年；感谢帕特里西亚·茨格米和德瑞·茨格米的持续支持、智慧和指导；感谢芭芭拉·哈特让我明白了"人是混乱的"，并向我展示了实践中的仆人型领导力；感谢芭芭拉·弗劳尔斯在 1988 年给了我一个机会；感谢基思·波特和约翰·塔斯塔德让一个年轻的小伙子承担了超出他年龄的领导责任；感谢阿曼达·海因斯、林赛·瑞、杰基·格拉泽、凯利·巴沙姆、特蕾西·威廉姆斯、考特尼·哈里森、克丽丝蒂·柯廷、温迪·鲁姆和帕蒂·托雷斯。他们多年来一直担任客户服务部门的领导，在他们的帮助下我才能做到言出必行；还要感谢那些在世界各地传播这些简单法则的专业服务的同人。

最后，感谢我的妻子金，以及我们的儿子迈克尔和马修，感谢他们始终如一的爱和支持。

关于作者

肯·布兰佳

作为世界上最有影响力的领导力专家之一，肯·布兰佳与他人合著出版了超过 65 本书，其中包括著名的《一分钟经理人》。该书被翻译成 47 种语言，总销量超过 2300 万册。2005 年，肯入选亚马逊名人堂，成为有史以来最畅销的 25 位作家之一。

肯和他的妻子玛吉是肯·布兰佳公司的联合创始人。这是一家位于加利福尼亚圣迭戈的享誉全球的领导力培训和咨询公司。他们还共同创立了"一个致力于帮助人们成为仆人型领导的全球性组织"。

肯因其在管理、领导和演讲领域的贡献而获得了许多荣誉，包括国际演讲会的"金槌奖"和教学系统协会（ISA）的"思想领袖奖"。

在他写作和演讲的空余时间，肯在圣迭戈大学的行政领导学理科硕士（MSEL）项目中任教，该项目由肯·布兰佳公司联合创建。

肯出生在新泽西州，在纽约长大，在科尔盖特大学获得硕士学位，在康奈尔大学获得学士学位和博士学位。

兰迪·康利

兰迪·康利是肯·布兰佳公司全球专业服务副总裁和信任实践的领导者。他是布兰佳"建立信任"培训项目的联合创建者，并与全球各地的组织合作，帮助他们在公司里建立信任。Trust Across America 将兰迪评为可信商业行为领域的顶级思想领袖，他也是可信商业专家联盟（Alliance of trustworthy business Experts）的创始成员。兰迪还被美国商业报刊媒体网（Inc.com）评为"百大顶级领导力演讲者和思想家"，美国管理协会（American Management Association）将他列入"2015 年值得关注的领导者"名单。

兰迪是著名博客"用信任领导（leadingwithtrust.com）"的作者，他也是《更高层面的领导》（*Leading at a Higher Level*）、《信托公司：建立公司最有价值资产的战略》（*Trust, Inc.: Strategies for Building Your Company's Most Valuable Asset*）、《信托公司：用 52 周的活动和灵感来建立职场信任》（*Trust, Inc.: 52 Weeks of Activities and Inspirations for Building Workplace*

Trust）的合著者。他拥有圣迭戈大学的行政领导学理科硕士学位。